An Fhoraois Bháistí

Clár

Cad é an Rud é Foraois Bháistí?

Samhlaigh go bhfuil tú ag siúl go luath ar maidin tríd an choill. Tá gach rud tais. Tá na crainn lán d'éin. Tá cat mór darb ainm iaguar ina luí trasna ar chraobh mhór crainn, ag coimhéad ar mhoncaí ag luascadh tríd na géaga. Tá ainmhithe eile ag siúl go ciúin ar urlár na coille atá cumhdaithe le duilleoga. Os cionn na gcrann, coinníonn na scamaill an t-aer tais agus te. Tá tú i bhforaois bháistí, foraois a mhaireann agus a fhásann in áit a bhíonn i gcónaí fliuch agus i gcónaí te.

Cur síos beacht ar fhoraois bháistí:

- Titeann an fhearthainn go rialta, ach ní thiteann sí an lá ar fad gach lá. Níl ann ach dhá shéasúr: an séasúr fliuch agus an séasúr tirim. Ach bíonn an séasúr tirim fliuch go leor. Bíonn sé ag cur gach lá!

- Is annamh a bhíonn an teocht faoi bhun 20°C nó os cionn 34°C. Bíonn scamaill ann, an chuid is mó den am.

- Bíonn cineálacha áirithe plandaí i ngach foraois bháistí. Bíonn crainn, toir agus toim ann. Bíonn plandaí dreaptha ann fosta mar a bhí i scéalta Tarzan agus é ag luascadh ó chrann go crann.

Foraoisí Báistí

Bíonn idir 305 agus 762 ceintiméadar fearthainne sa bhliain ann.

5

Leibhéil na Foraoise Báistí

Tá an fhoraois bháistí leagtha amach ina sraitheanna nó leibhéil, ag brath ar airde na bplandaí agus ar na cineálacha ainmhithe a mhaireann iontu.

Seo iad na ceithre leibhéal:
- an t-urlár
- an leibhéal láir
- an clúdach
- an chuid is airde

I ngach leibhéal, tá cineálacha difriúla ainmhithe agus plandaí. Ach le bheith beo, tá na leibhéil uilig de dhíth ar na plandaí agus ar na hainmhithe seo. Cuid mhór de phlandaí agus ainmhithe na foraoise báistí, níl teacht orthu áit ar bith eile ar domhan.

An chuid is airde

An clúdach

An leibhéal láir

An t-urlár

7

Urlár na Foraoise

Seo an leibhéal atá ar an talamh. Ní bhaineann ach 1% de sholas na gréine a lonraíonn ar an chlúdach an leibhéal seo amach. Bíonn cuid mhór **fungas** agus **caonach** anseo.

Bíonn seangáin anseo, ag iompar duilleog chuig a gcuid neadacha. I ndiaidh dóibh na duilleoga a chur sna neadacha, cuireann siad fungais leo. Briseann na fungais na duilleoga anuas agus bíonn féasta fungais ag na seangáin.

Bíonn an t-arcán talún ag smúrthacht thart ag sú aníos teirmítí lena theanga fhada. Tá a theanga 61 ceintiméadar ar fad agus í cumhdaithe le seile ghreamaitheach – iontach úsáideach le teirmítí a bhaint amach as a neadacha.

Laghairteanna, ioguánaí, nathracha, damháin alla, feithidí agus go leor ainmhithe beaga eile - maireann siad uilig san fhoraois bháistí.

Is é an t-iaguar an feoiliteoir is mó san fhoraois bháistí. Tá sé maith ag dreapadh agus ritheann sé go gasta. Tá **duaithníocht** mhaith aige fosta.

Bíonn an taipir ag siúl thart ag cuardach bia.

Arcán talún

An Leibhéal Láir

Crainn agus toir atá níos lú ná 10 méadar ar airde atá anseo.

In amanna, tugaimid ainm speisialta ar an chuid seo den fhoraois - An tSraith Mheánach. Is anseo a mhaireann cuid mhór nathracha agus froganna, laghairteanna, sciatháin leathair agus féileacán.

Bíonn eireaball speisialta ar chuid de na mamaigh anseo, an madadh coille, mar shampla. Tugaimid eireaball greama air mar go mbeireann siad greim ar na craobhacha lena n-eireabaill le cuidiú leo dreapadh tríd na crainn.

Spadáin, ioraí, agus moncaithe éagsúla, maireann siad uilig sa leibhéal láir.

Spadán

Madadh coille

Déanann cuid mhór éan neadacha sa leibhéal láir. Coinníonn siad na neadacha sábháilte ar **chreachadóirí** a mhaireann ar an talamh.

An Clúdach

Tá an clúdach idir 32 agus 46 méadar os cionn an talaimh.

In amanna, tugaimid ainm speisialta ar an chuid seo den fhoraois - An Ceannbhrat. Bíonn plandaí aisteacha darb ainm eipifítí ar crochadh ó na crainn anseo. Ní bhíonn fréamhacha sa talamh ar na plandaí seo. Faigheann siad **cothaithigh** ón aer thart orthu.

Moncaithe, sciatháin leathair, laghairteanna agus froganna, maireann siad uilig sa chlúdach. Cuid acu, ní théann siad síos go hurlár na foraoise riamh. Tá go leor feithidí, torthaí agus éan le hithe thuas sna crainn.

Bíonn an chontúirt i gcónaí ann go dtitfidh siad, ach tá dóigheanna iontacha ag na hainmhithe seo le hiad féin a choinneáil sábháilte. Bíonn cosa na bhfroganna greamaitheach. Bíonn craiceann ar chuid de na hioraí agus na laghairteanna a osclaíonn amach cosúil le heiteoga agus thig leo 'eitilt' ó chrann go crann.

Tá eireaball greama na moncaithe mar a bheadh lámh bhreise acu le cuidiú leo greim a choinneáil ar na craobhacha.

Itheann an túcán agus éin eile torthaí agus cnónna agus scaipeann siad síolta agus cothaithigh ar fud na foraoise.

13

An Chuid is Airde

An pailliún an t-ainm speisialta atá ar an leibhéal seo, áit a bhfuil na crainn is airde agus iad idir 23 agus 76 méadar os cionn an talaimh. Tá barr na gcrann mar a bheadh scáthanna fearthainne oscailte ann. Cé go bhfuil siad ard ní théann na fréamhacha go domhain faoin talamh ach spréann siad trasna urlár na foraoise.

Maireann na mílte muiscít, damhán alla agus ainmhí beag eile thuas anseo agus itheann na héin go leor acu. Maireann corr-reiptíl agus amfaibiach ag an leibhéal seo fosta.

Déanann bultúir agus iolair neadacha sa phailliún. Bíonn siad ag coimhéad ar gach rud a bhogann thíos fúthu.

Maireann 1/5 cuid d'éin an domhain i gcrainn arda fhoraois bháistí na hAmasóine (Meiriceá Theas).

Muintir na Foraoise Báistí

Tá daoine ina gcónaí san fhoraois bháistí le breis agus 40,000 bliain. Ar feadh na mblianta fada, chónaigh siad i ngrúpaí beaga agus bhí a fhios acu an dóigh le cógais a dhéanamh de phlandaí agus d'ainmhithe na foraoise. I bhfad ó shin, d'fhoghlaim siad go dtiocfadh leo bia a fháil ó fhréamhacha plandaí a bhí ag fás ar urlár na coille. D'fhoghlaim siad fosta an dóigh is fearr le glasraí a fhás sa talamh. D'úsáid siad **séideadáin** le gathanna nimhe a scaoileadh le hainmhithe. Rinne siad a gcuid tithe as duilleoga agus as adhmad na foraoise. Ní raibh mórán de na daoine seo ann agus bhí siad cúramach leis an mhéid a bhí ar fáil sna coillte.

Lá den saol, bhí breis agus 6 mhilliún bundúchasach ina gcónaí i bhforaois na hAmasóine. Ach anois, níl ach 250,000 acu fágtha. De réir mar a bhogann daoine eile isteach, níl a oiread céanna fairsinge ann dóibh agus thug na daoine eile seo leo galair agus tinnis nach raibh ar mhuintir na foraoise riamh roimhe.

Go domhain san fhoraois, tá daoine ann nár athraigh a saol leis na céadta bliain.

Mar a oibríonn an Fhoraois

Tá ról ag gach planda agus ainmhí i ndráma na foraoise. Mar shampla, titeann na duilleoga ó na crainn ar urlár na foraoise. Lobhann fungais agus uisce na duilleoga. Faigheann ainmhithe beaga, reiptílí, éin, feithidí agus plandaí cothaithigh ó na duilleoga lofa. Is bia do na hainmhithe móra iad na hainmhithe beaga seo.

Má leagann daoine barraíocht crann, ní bheidh go leor duilleog ann leis na fungais a **bheathú**. Beidh poill sa chlúdach. Déanann barraíocht solais dochar do na fungais ar an talamh. Déanfaidh sé sin dochar do na feithidí agus do na héin bheaga a mhaireann san fhoraois.

Má cheapann daoine pearóidí agus moncaithe lena ndíol mar pheataí, ní thig leo síolta a scaipeadh tríd an fhoraois. Ní fhásfaidh a oiread céanna crann. Chomh maith leis sin, beidh barraíocht de na rudaí a itheann pearóidí agus moncaithe fágtha san fhoraois agus beidh an **biashlabhra** trína chéile.

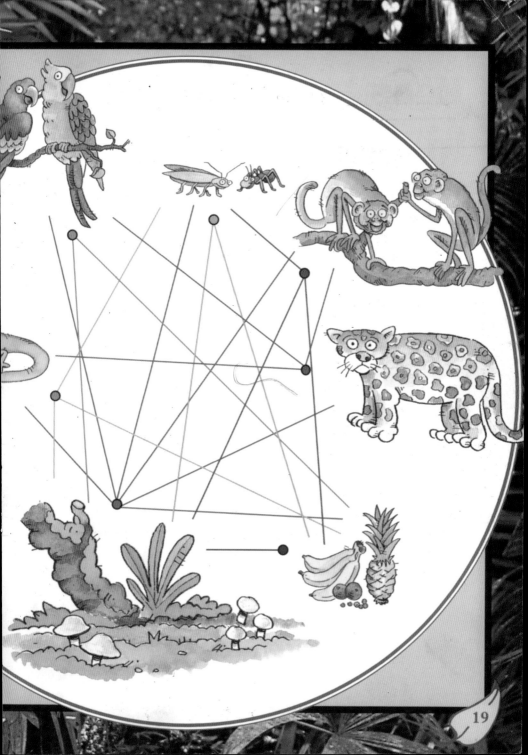

Foraoisí i mbaol

De réir mar a tháinig na **coimhthígh** isteach sna foraoisí, thug siad contúirtí leo. Thosaigh siad a leagan na gcrann le díol mar ábhar tógála agus mar bhreosla.

Gearrann feirmeoirí na toim agus na plandaí ar urlár na foraoise agus ansin cuireann siad an fhoraois le thine. Coinníonn siad smacht ar an tine ach bíonn an talamh gan úsáid i ndiaidh na tine. Glanann siad a bhfuil fágtha de na plandaí agus de na crainn ar shiúl agus cuireann siad a gcuid síolta féin. Ach taobh istigh de chúpla bliain níl cothaithigh ar bith fágtha sa talamh agus bogann na feirmeoirí ar aghaidh leis an rud céanna a dhéanamh arís.

Sa lá atá inniu ann, agus cuimhnigh go bhfuil na daoine seo **beo bocht**, tá siad á dhéanamh ar achair mhóra talaimh.

Nuair a tharlaíonn sé seo, cuireann siad na foraoisí i mbaol. Faigheann na hainmhithe bás nó caithfidh siad bogadh go dtí áiteanna eile. Bogann siad níos faide agus níos faide isteach san fhoraois.

Gach bliain, glanann daoine cuid mhór talaimh do bhóithre, do mhianaigh agus d'fheirmeacha. Cuireann sé seo cuid mhór ainmhithe i gcontúirt.

Is fiú cuid mhór airgid crainn na foraoise, mahagaine, mar shampla, ach fásann siad go hiontach mall. Glacann sé blianta fada ar chrainn úra fás ina n-áit.

Scrios

Tá foraoisí báistí an domhain á scriosadh. Is iad an fheirmeoireacht, an **lománaíocht** agus an **rainseoireacht** is cúis leis an chuid is mó de.

Tá níos mó agus níos mó daoine ag teacht ar an saol sna tíortha bochta seo agus caithfidh teaghlaigh dul isteach níos doimhne sna foraoisí le háit chónaithe a fháil. Bíonn siad ag gearradh agus ag dó na foraoise ansin sa dóigh go dtig leo bia a fhás le bheith beo. Ach ní thig leo **ithir** na foraoise a úsáid ach ar feadh bliain amháin agus ansin bogadh ar aghaidh agus tosú a ghearradh agus a dhó arís áit éigin eile. Glanann siad níos mó talaimh ach tá siad ag scriosadh na foraoise píosa ar phíosa.

Fáth eile atá le scrios na bhforaoisí an lománaíocht. Sin ainm speisialta ar chrainn a leagan. Fásann foraoisí leagtha ar ais arís ach glacann sé blianta fada.

Is é an rainseoireacht an tríú fáth. Leagann na rainseoirí cuid mhór crann le **talamh féaraigh** a dhéanamh dá gcuid eallaigh.

Ní chlúdaíonn na foraoisí báistí ach 6% de thalamh an domhain, ach tá breis agus 50% de **speicis** plandaí agus ainmhithe an domhain iontu. Tá na foraoisí á scriosadh agus tá 137 speiceas **ag imeacht in éag** sa lá, is é sin 50,000 sa bhliain!

Déanaimid nuachtáin, irisleabhair agus ábhar tógála as crainn na bhforaoisí báistí.

Measann na heolaithe go mbeidh idir 80% agus 90% de na foraoisí báistí scriosta roimh an bhliain 2020.

Sna 1980í glanadh 6.87 milliún **heicteár** d'fhoraoisí báistí don rainseoireacht.

Caomhnú

Is iad na foraoisí báistí na coillte is saibhre, is sine agus is casta ar domhan. Ní raibh contúirt riamh ar na háiteanna tábhachtacha áille seo mar atá orthu sa lá atá inniu ann.

Tá rialtais an domhain ag tosú a obair le chéile le teacht ar dhóigheanna le stop a chur le scrios na bhforaoisí báistí. Ach ní oibreoidh na dóigheanna seo mura gcuirfidh siad fás an **daonra** san áireamh. I gceann 40 bliain, beidh daonra an domhain thart fá 10 billiún duine. Beidh an chuid is mó de na daoine seo ina gcónaí i dtíortha bochta agus sin an áit a bhfuil an chuid is mó de na foraoisí báistí. Caithfimid a dhéanamh cinnte go dtig leis an duine agus leis an fhoraois bheith beo i gcuideachta a chéile.

Tá daoine ar fud an domhain ag foghlaim níos mó agus níos mó faoi na plandaí agus faoi na hainmhithe iontacha a mhaireann sna foraoisí báistí agus tá níos mó daoine ná riamh ag iarraidh iad a shábháil. Má leanann daoine eile an sampla seo b'fhéidir go dtiocfadh linn stop a chur leis an scrios.

Thart ar an domhan tá **comhlachtaí** ag caitheamh airgid ar chaomhnú na bhforaoisí. Tá siad ag iarraidh teacht ar dhrugaí iontacha, ag fás go fiáin sna foraoisí, a shábhálfaidh beatha daoine.

Is ó phlandaí foraoise báistí a fhaigheann dochtúirí an ceathrú cuid de na cógais atá in úsáid sa lá atá inniu ann.

Caomhnú: Féileacáin

Nuair a chuireann daoine isteach ar na foraoisí, bíonn an chontúirt ann go mbeidh feithidí cosúil leis an fhéileacán álainn seo ag imeacht in éag.

I Meiriceá Theas agus i Meiriceá Láir, tá feirmeacha féileacán á dtógáil le cuidiú le caomhnú na bhféileacán.

Ar na feirmeacha seo, thig leis na féileacáin a gcuid uibheacha a bhreith go sábháilte faoi dhuilleoga. I ndiaidh thart fá dheich lá, tagann boilb bheaga amach as na huibheacha beaga bídeacha. Beireann na boilb (larbhaí) greim ar chraobhóga crainn, déanann siad **cocúin** agus druideann siad iad féin isteach iontu. Fanann na **pupaí** seo sna cocúin ar feadh coicíse. Ar deireadh, amach leis na féileacáin agus tosaíonn an **tsaolré** arís.

Scaoiltear na mílte féileacán saor sna foraoisí báistí agus is mór an cuidiú é sin lena chinntiú nach n-imíonn siad in éag.

Crochann na pupaí ó na craobhóga go dtí go mbíonn siad ina bhféileacáin fhásta.

Gluais

beathú – bia a thabhairt

beo bocht – iontach bocht

biashlabhra – an t-ainm a thugaimid ar an dóigh a bhfuil cuid mhór ainmhithe agus plandaí ag brath ar a chéile le bia a fháil. Sampla simplí de seo go n-itheann feithid planda sa talamh, go n-itheann éan beag an fheithid agus go n-itheann éan mór an t-éan beag.

caonach – planda beag bídeach a fhásann in áiteanna atá dorcha agus fliuch

cocún – clúdach cosanta a mbíonn an larbha istigh ann. Déanann an larbha féin an clúdach.

coimhthíoch – duine a tháinig isteach san fhoraois ó áit éigin eile

comhlacht – grúpa daoine a dhéanann an obair chéanna le chéile. Is comhlacht teilifíse é TG4, mar shampla.

cothaitheach – 'bia' do phlandaí agus d'ainmhithe a fhaigheann siad ón talamh agus ó phlandaí eile

creachadóir – ainmhí a bhíonn ar thóir ainmhithe agus a itheann iad

daonra – na daoine uilig atá i dtír nó i gcathair. Is é 6 mhilliún duine daonra na hÉireann.

duaithníocht – tréith a bhíonn ag ainmhithe a chuidíonn leo bheith doiligh a fheiceáil

fungas – is orgánach beo é fungas ach ní planda é agus ní ainmhí é. Is fungais iad na muisiriúin agus na beacáin bhearaigh.

heicteár – 10,000 m^2

imeacht in éag – nuair nach bhfuil ceann ar bith de speiceas fágtha áit ar bith ar domhan, deirtear go bhfuil an speiceas sin imithe in éag

ithir – an chréafóg ina gcuirimid plandaí ag fás sa talamh

lománaíocht – ag leagan crann leis an adhmad a dhíol

pupa – an chéim idir larbha agus an chéim fhásta

rainseoireacht – ag úsáid achair mhóra talaimh faoi choinne feirmeoireacht eallaigh (ba agus tairbh)

saolré – na céimeanna i saol ainmhithe ó thús go dtí an chéim fhásta

séideadán – 'píopaí' a rinne muintir na foraoise báistí as plandaí díreacha fada, bambú mar shampla, agus iad ag seilg

speiceas – grúpa d'ainmhithe nó de phlandaí atá cosúil lena chéile, mar shampla, préachán, leon

talamh féaraigh – áit a gcuireann feirmeoirí a gcuid bó agus tarbh le féar a ithe

Ón Údar agus ón Ghrianghrafadóir

Fred Fusselman

Cónaím in Colorado, agus le 20 bliain anuas bhí mé ag taisteal timpeall an domhain ag glacadh grianghraf agus ag scríobh faoi dhaoine agus áiteanna spéisiúla. Is iad na háiteanna is fearr liom na háiteanna iargúlta a mbíonn daoine agus ainmhithe spéisiúla ina gcónaí iontu.

Agus mé i mo phíolóta, i mo mhairnéalach, agus i mo thumadóir, is breá liom gníomhaíochtaí amuigh faoin spéir agus na 'dathanna áitiúla' a fheiceáil.

Tá na foraoisí báistí go hálainn ach tá siad i mbaol chomh maith.

Ón Mhaisitheoir

Ralph Whirly

Cónaím in Denver, Colorado, le mo bheirt pháistí, Allison agus Tommy, agus mo bhean chéile, Terri.

Bainim an-sult as leabhair do pháistí a mhaisiú. Rud eile a bhfuil spéis agam ann ná damhsa bálseomra.

An leagan Gaeilge: 2008
An tÁisaonad, Coláiste Ollscoile Naomh Muire, 191 Bóthar na bhFál, Béal Feirste
BT12 6FE
© An tÁisaonad
Foireann an tionscadail: Pól Mac Fheilimidh, Jacqueline de Brún, Ciarán Ó
Pronntaigh. Áine Mhic Giolla Cheara, Risteard Mac Daibhéid, Alicia Nic Earáin,
Máire Nic Giolla Cheara, Fionntán Mac Giolla Chiaráin, Clár Ní Labhra agus Seán
Fennell.

Arna chlóbhualadh ag Colorcraft

ISBN 978 0 737 24822 7